In dieser Reihe sind bisher erschienen:

Fantastische Vorlesegeschichten – Hexen, Drachen, Zauberer
Kuschelige Vorlesegeschichten – Träume, Sterne, Regentage
Lustige Vorlesegeschichten – Flausen, Faxen, Firlefanz
Wilde Vorlesegeschichten – Piraten, Ritter, Räuberbanden
Zauberhafte Vorlesegeschichten – Prinzessinnen, Feen, Meerjungfrauen
Weihnachtliche Vorlesegeschichten – Sterne, Engel, Schlittenfahrten
Starke Vorlesegeschichten – Helden, Freunde, große Taten
Tierische Vorlesegeschichten – Tiger, Hunde, Katzenkinder

Originalausgabe
© 2019 Dressler Verlag GmbH, Poppenbütteler Chaussee 53, 22397 Hamburg
ellermann im Dressler Verlag · Hamburg
Alle Rechte vorbehalten
Einband und farbige Illustrationen von Stephan Pricken
Druck und Bindung: Livonia Print SIA, Ventspils iela 50, LV-1002, Riga, Lettland
Printed 2019
ISBN 978-3-7707-0078-3

www.ellermann.de

Katja Richert

Märchenhafte Vorlesegeschichten

Burgen, Drachen, Glitzerkleider

Bilder von Stephan Pricken

ellermann im Dressler Verlag GmbH · Hamburg

Die Vorlese-Mitmach-Reihe

Vorlesen heißt in kleinen Geschichten die Welt entdecken. Vorlesen heißt Nähe und Geborgenheit genießen; und ganz nebenbei die kindliche Sprachentwicklung fördern. Dabei macht es Kindern Spaß, über das Gehörte zu sprechen, etwas auf Bildern wiederzuentdecken oder ihre Helden nachzuahmen. Sie wollen erzählen, entdecken und aktiv werden. Deshalb finden Sie in diesem Buch viele lustige Ideen zum Mitmachen.

Erzählen! – Rätselfragen und Gesprächsanlässe
Die Fragen mit der Sprechblase als Symbol laden zum Erzählen ein. Bei der Beantwortung geht es nie um ein richtig oder falsch, sondern immer darum, mit den Kindern ins Gespräch zu kommen und ihren eigenen Gedanken Raum zu geben.

Entdecken! – Suchbilder und mehr
Die Fragen und Ideen mit der Lupe als Symbol laden zum genauen Hingucken, zum Suchen und Entdecken ein. Bei manchen Fragen geht es darum, das Gehörte in den Bildern wiederzuentdecken. Andere Fragen erzählen die Geschichten weiter und beflügeln so die Fantasie.

Aktiv werden! – Kleine Bewegungsspiele und Aktionsideen
Die Ideen mit der Hand als Symbol regen zum Aktivwerden an: zum Spielen, Bewegen, Lachen und Sachenmachen. Kinder können ihren Helden zum Beispiel durch ein Klatschen zu Hilfe kommen und werden so Teil der Geschichte.

Und für alle, die noch mehr wollen, gibt es am Ende jeder Geschichte eine besondere Aktionsidee. Sie erkennen sie an diesem Bild:

Mal ist diese Idee **ein Rezept**, mal **eine Bastelidee** oder **ein Spiel**. So können Sie gemeinsam noch etwas länger in der Geschichte bleiben.

Jedes Kind ist anders …

… **und kann unterschiedlich lange zuhören.** Deshalb sind die Geschichten in diesem Buch unterschiedlich lang. Die Fragen und Ideen zum Mitmachen eignen sich vor allem bei jüngeren Kindern gut dazu, sie wieder in die Geschichte zu holen.

… **und hat seinen eigenen Kopf.** Wählen Sie deshalb die Fragen und Mitmach-Ideen je nach Zuhörer aus. An den unterschiedlichen Symbolen erkennen Sie schnell, um was für eine Art von Frage es sich handelt.

… **und jeder Vorleser auch.** Entscheiden Sie selbst, ob Sie die Fragen vorlesen oder in eigene Worte fassen.

… **und jede Vorlesesituation auch.** Sie haben viel oder wenig Zeit, sitzen auf dem Sofa oder liegen schon im Bett. Deshalb bleibt es ganz Ihnen überlassen, wie viele und welche Fragen oder Aufgaben Sie stellen möchten. Die Geschichten können auch ganz ohne Fragen vorgelesen werden.

Inhaltsverzeichnis

Der doppelte Prinz   10

 Das Fest am Hexenhaus   19

 Die geheimnisvolle Flaschenpost   28

Der kranke Drache   34

 Die freche Prinzessin   41

Picknick mit Frosch   46

Zaubern verboten   50

Das Märchenfest   58

 Der unheimliche Dachboden   63

Der Wackelschreck   68

 10 Tipps zum Vorlesen   74

Der doppelte Prinz

Kennst du auch Zwillinge?

Was gibt es alles zum Frühstück?

Es waren einmal zwei Prinzen. Sie hießen Maximilian und Ludwig und lebten auf einem großen Schloss. Maximilian war genau fünf Minuten älter als Ludwig, denn die beiden waren Zwillinge. Und sie sahen sich zum Verwechseln ähnlich. Beide hatten dieselben braunen Haare, die zu einem Seitenscheitel gekämmt waren, funkelnde grüne Augen und abstehende Ohren.

»Ludwig!«, sagte Anna, die Haushälterin, beim Frühstück. »Hier ist dein Ei. Die königlichen Hennen haben sich extra viel Mühe beim Legen gegeben.« Sie stellte einen goldenen Eierbecher auf den prachtvoll gedeckten Tisch.

»Ich bin aber nicht Ludwig, sondern Maximilian«, flunkerte Ludwig. Er liebte es, die Haushälterin hereinzulegen.

Anna sah ihn irritiert an. »Wirklich?«, fragte sie skeptisch. »Ich hätte schwören können … aber na gut, wenn du es sagst … entschuldige bitte. Ich weiß ja, dass du keine Eier magst, Maximilian.« Ludwig kicherte, als Anna den Eierbecher wegnahm und auf den Platz seines Bruders stellte.

Kurz darauf betrat Maximilian das Speisezimmer. Er hatte ein bisschen getrödelt und setzte sich jetzt an seinen Platz. »Bäh«, machte er, als er das Ei entdeckte. »Wie oft soll ich denn noch sagen, dass ich keine Eier mag?« Er nahm sich eine Scheibe Brot und schmierte Butter darauf.

Strecke die Zunge raus und mach »Bäh«.

»A…aber, du bist doch Ludwig!«, stammelte Anna verwirrt und rannte mit dem Eierbecher um den Tisch herum. »Und Ludwig mag doch sehr gerne Eier. Wem darf ich dieses Ei denn nun servieren?« Sie zuckte hilflos mit den Schultern, und dabei fiel der Eierbecher zu Boden. »Oh nein, jetzt kann es keiner mehr essen.«

Was isst du gerne zum Frühstück?

Plötzlich öffnete sich die Tür, und der König betrat den Raum. »Es tut mir schrecklich leid«, rief Anna. »Ich habe die beiden Prinzen bedauerlicherweise wieder einmal verwechselt, und in der ganzen Aufregung ist mir das Ei hinuntergefallen.«

Der König sah Ludwig und Maximilian streng an. »Habt ihr die gute Anna schon wieder zum Narren gehalten?«, fragte er. »Wenn das nicht aufhört, muss sich einer von euch die Haare abschneiden lassen. Dann kann man euch besser unterscheiden.«

»Nein«, riefen die Prinzen wie aus einem Mund.

»Entschuldigung«, sagte Ludwig. »Wird nie wieder vorkommen.« Das hatte er schon oft versprochen, aber jeder im Schloss wusste, dass er sich sowieso nicht an dieses Versprechen hielt.

Anna winkte nur ab und kicherte. »Ich würde es ganz genauso machen, wenn ich eine Zwillingsschwester hätte.«

»Warum bist du denn so schick?«, fragte Maximilian seinen Vater. Der König trug eine festliche Robe und hatte seine Krone auf dem Kopf.

»Heute wird ein Schiff der königlichen Flotte getauft. Ich werde die feierliche Rede halten. Wenn ihr wollt, dürft ihr mich begleiten.«

»Au ja«, riefen die Prinzen.

»Kommt Mama auch mit?«, erkundigte sich Ludwig.

»Die hat heute leider andere Verpflichtungen«, erklärte der König.

Nachdem sie das Frühstück beendet hatten, rannten die Zwillinge in ihre Zimmer und baten den Kammerdiener, ihnen ebenfalls etwas Festliches zum Anziehen herauszusuchen.

Dann stiegen sie zusammen mit ihrem Vater in die Kutsche, die sie zum Hafen brachte.

Bist du schon mal mit einem Schiff gefahren?

Von wie vielen Pferden wird die Kutsche gezogen?

Als sie dort ankamen, war alles geschmückt. Überall hingen bunte Wimpel mit dem königlichen Wappen, und die Straßen waren von Menschen gesäumt, die Fähnchen schwenkten und der Königsfamilie zujubelten.

»Wie aufregend«, sagte Maximilian und winkte in die Menge.

»Es wird gleich noch aufregender«, antwortete der König. »Das Schiff wird nämlich nach meinem Thronfolger benannt.« Er klopfte Maximilian auf die Schulter. Da dieser fünf Minuten älter war als Ludwig, würde er später die Geschäfte des Königs übernehmen.

»Echt?«, fragte Maximilian. »Ein Schiff mit meinem Namen?«

Ludwig hatte sich daran gewöhnt, dass sein Bruder häufiger im Mittelpunkt stand. Aber ein Schiff, das so hieß wie er, hätte Ludwig auch gerne gehabt.

»Ja«, sagte der König. »Das ist eine ganz besondere Ehre. Und deshalb darfst du zur Feier des Tages auch ein Grußwort sprechen.«

»G…G…Grußwort? Ich?«, stammelte Maximilian.

Ludwig wusste, dass sich sein Bruder eigentlich lieber im Hintergrund hielt und sich nicht so gerne vor das Volk stellte.

»Das schaffst du schon!«, sagte der König aufmunternd. »Sieh es als kleine Übung für deine späteren Verpflichtungen.«

Die Kutsche hielt vor dem prachtvoll geschmückten Schiff, und der König und die Prinzen stiegen aus. Der König schritt winkend voran und stellte sich auf das Rednerpult. Maximilian und Ludwig traten neben ihn.

»Was soll ich denn sagen?«, flüsterte Maximilian panisch.

Klopf dir auch mal auf die Schulter!

13

»Lass mich das regeln«, flüsterte Ludwig mit einem Augenzwinkern zurück. Im Gegensatz zu seinem Bruder machte es ihm nichts aus, eine Rede zu halten. »Ich wette, das fällt niemandem auf.«

Der König hatte inzwischen mit seiner Ansprache begonnen und lobte die gute Arbeit der Schiffsbauer.

»Aber was ist mit Papa?«, fragte Maximilian. »Der ist doch bestimmt wütend, wenn er das mitbekommt.«

Mach ein wütendes Gesicht!

Ludwig schüttelte den Kopf. »Bei dem ganzen Trubel wird ihm das erst mal nicht auffallen. Los, wir tauschen schnell die Plätze.«

Der König beachtete die Prinzen gar nicht, so sehr war er mit seiner Rede beschäftigt. Schließlich verkündete er: »Bevor wir das schöne Schiff nun mit einer Flasche Champagner taufen, bitte ich meinen Sohn Prinz Maximilian auf die Bühne.«

Das Volk jubelte, und der König streckte – ohne hinzusehen – die Hand aus, um seinem Sohn auf das Rednerpult zu helfen.

Ludwig stieg hinauf, lächelte und begann schließlich: »Hochgeschätztes Volk! Es ist mir eine große Ehre, dieser besonderen Schiffstaufe beizuwohnen. Ich freue mich, dass die *Maximilian* bald in See stechen wird, und wünsche allzeit gute Fahrt!«

Während die Menge jubelte, bemerkte Ludwig, dass sein Vater neben ihm unruhig wurde. Wahrscheinlich war ihm inzwischen klar geworden, dass nicht Maximilian am Rednerpult stand, sondern sein Bruder. Doch der ließ sich davon nicht beirren. »Ich weiß allerdings auch«, fuhr Ludwig fort, »dass mein Zwillingsbruder ein wenig traurig ist, weil das Schiff nicht nach ihm benannt wurde. Und deshalb möchte ich das Schiff gerne auf den Namen *Ludwig Maximilian* taufen!«

Auf welchen Namen würdest du ein Schiff taufen?

14

»Was fällt dir ein?«, zischte der König. »Das kannst du doch nicht machen! Das ist gegen die Regeln!«

Doch die Leute riefen begeistert »Hurra« und »So ein schöner Name« und »Hoch leben die Prinzen!«.

Also lächelte der König, als er seinen Arm um Ludwig legte und verkündete: »So soll es sein! Eine hervorragende Idee!«

Die beiden stiegen vom Rednerpult, und der König warf Ludwig und Maximilian einen strengen Blick zu. Doch Ludwig wusste schon, dass ihr Vater ihnen nicht lange böse sein würde.

Sie schritten an das Schiff heran, und der Kapitän überreichte dem König eine große Flasche, die an einem Seil befestigt war. Ludwig hatte schon öfter gesehen, dass man eine solche Flasche bei einer Schiffstaufe gegen den Bug werfen musste. Eine Aufgabe, die normalerweise immer der König erledigte.

Der wandte sich jetzt allerdings an seine Söhne. »Ich denke, in diesem besonderen Fall solltet ihr das Schiff taufen.«

Er überreichte den beiden die Flasche. Ganz schön schwer, dachte Ludwig und stieß Maximilian in die Seite. »Los, jetzt sag auch noch was!«

Wer hat sich auf dem Schiff versteckt?

Maximilian räusperte sich. »Wir taufen dich auf den Namen …«
Und jetzt stimmten alle mit ein: »*Ludwig Maximilian!*«
Die Prinzen ließen die Flasche los und beobachteten, wie sie am Seil in Richtung Schiffsbug flog, wo sie mit einem lauten Scheppern zerschlug.
Wieder brach großer Jubel aus, und die Menschen schwenkten fröhlich ihre Fähnchen.
»Wenn ich jetzt zu einer kleinen Probefahrt bitten dürfte?«, sagte der Kapitän und ging über einen Steg voran auf das Schiff.
»Aber sehr gerne«, sagte der König und folgte ihm.

Als Ludwig, Maximilian und ihr Vater schließlich an der Reling standen und in die Menge blickten, legte der König seine Arme um die Prinzen. »Das habt ihr gut gemacht, ihr beiden. Und ich denke, dass es nicht verkehrt ist, ab und zu mal einen Ersatz-Thronfolger einzusetzen. Merkt ja sowieso niemand.« Er kicherte.
»Dann muss sich also keiner die Haare abschneiden lassen?«, fragte Ludwig.
»Das würde mir nie im Leben einfallen. Denn ich liebe meine Zwillingsprinzen so, wie sie sind!«
Mit einem lauten Hupen setzte sich die *Ludwig Maximilian* in Bewegung. Und Ludwig war glücklich wie schon lange nicht mehr.

KLEINES SCHIFFCHEN BASTELN

Wenn Ludwig und Maximilian nicht gerade auf einem echten Schiff unterwegs sind, haben sie kleine Schiffchen zum Spielen. Die kannst du ganz einfach nachbauen.

Du brauchst:
3 Korken
2 Gummibänder
1 Zahnstocher
1 kleines Stück Tonpapier (ca. 3 × 3 cm)

So wird's gemacht
Lege die Korken mit der langen Seite nebeneinander und spanne jeweils rechts und links ein Gummiband darum. Falls die Gummis zu locker sind, wickele sie ruhig zwei- oder dreimal herum. Wichtig ist, dass die Korken eine stabile Fläche bilden.
Dann bastelst du das Segel: Nimm den Zahnstocher und steche ihn einmal durch den unteren und einmal durch den oberen Rand des Tonpapiers, sodass es sich etwas wölbt. Lass dir dabei am besten von einem Erwachsenen helfen. Nun kannst du das andere Ende des Zahnstochers in einen der Korken stecken. Fertig ist dein kleines Schiff! Ahoi!

Das Fest am Hexenhaus

Gretel war aufgeregt. Heute war ihr Geburtstag, und gleich kamen ihre Freundinnen. Rotkäppchen war die Erste: »Herzlichen Glückwunsch!«, rief sie und schwenkte fröhlich ihren Korb. »Ich habe dir einen Kuchen mitgebracht, den hat meine Mutter gebacken. Schöne Grüße soll ich dir natürlich auch ausrichten.«
»Oh, vielen Dank«, sagte Gretel. »Den Kuchen können wir gleich mitnehmen.«
»Wohin denn?«, erkundigte sich Rotkäppchen.
»Hänsel und mein Vater hatten die Idee, dass wir eine Schatzsuche durch den Wald machen. Wenn alle Gäste da sind, gehen wir los. Und am Ziel können wir dann essen und trinken und etwas spielen.«
Gretel wusste nicht, wohin die kleinen Kieselsteine, die Hänsel und ihr Vater auf dem Weg verteilen wollten, sie führen würden. Aber sie freute sich, das zusammen mit ihren Freundinnen herauszufinden.
Eine Kutsche fuhr vor, aus der Dornröschen und Aschenputtel stiegen. Sie trugen beide wunderschöne Kleider, als wären sie gerade auf einem Ball gewesen.

Hast du einen Lieblingskuchen?

Welche Farben haben die Kleider?

»Habt ihr keine Angst, dass eure Kleider im Wald schmutzig werden?«, fragte Rotkäppchen.

Aschenputtel lachte. »Bevor ich meinen Prinzen kennengelernt habe, musste ich in der Asche vor dem Ofen schlafen – da macht mir ein wenig Erde vom Waldboden nichts aus.« Sie drehte sich einmal im Kreis, machte dann einen Knicks und überreichte Gretel eine kleine Schachtel. Gretel öffnete sie vorsichtig und zog ein silbernes Armband mit einem kleinen Täubchen-Anhänger hervor.

»Ist das schön!«, rief Gretel und fiel Aschenputtel um den Hals. Rotkäppchen half Gretel dabei, das Armband anzulegen.

Dornröschen überreichte Gretel einen Blumenstrauß und gähnte herzhaft.

»Bist du etwa immer noch müde?«, fragte Gretel. »Du hast doch hundert Jahre geschlafen!«

»Ich weiß«, sagte Dornröschen, »aber der Prinz und ich waren gestern bis spät in die Nacht bei einem Festessen von König Drosselbart. Jetzt bin ich ein wenig erschöpft.«

»Nach unserer Schatzsuche können wir uns stärken«, erklärte Gretel. Jetzt fehlte nur noch Schneewittchen.

Kurz darauf entdeckte Gretel zwei rote Zipfelmützen hinter einem Busch. Zwei Zwerge schritten voran, dann folgte Schneewittchen, und hinter ihr kamen zwei weitere Zwerge.

Schneewittchen zuckte lachend mit den Schultern. »Auf meinem Weg hierher bin ich an ihrem Haus vorbeigekommen. Sie wollten mich unbedingt durch den Wald begleiten«, sagte sie.

»Damit mir nichts passiert. Die anderen drei sind zu Hause geblieben.«

Kannst du auch schon einen Knicks?

»Es kann nichts schaden, jemanden dabeizuhaben, der auf einen aufpasst«, meinte Rotkäppchen. »Dann wäre ich bestimmt auch nicht auf den bösen Wolf hereingefallen.«

Die vier Zwerge stellten sich in einer Reihe auf und sangen Gretel ein Geburtstagsständchen. Doch bevor sie sich dafür bedanken konnte, waren die Zipfelmützen schon wieder im Wald verschwunden. Schneewittchen überreichte Gretel einen Stoffbeutel. »Bitte schön, aus unserem Garten«, sagte sie lächelnd. Gretel bekam kurz einen Schreck, als sie in den Beutel blickte, denn er war voller Äpfel.

»Keine Angst«, meinte Schneewittchen, »die sind nicht vergiftet. Auf solche Ideen kommt nur meine böse Stiefmutter.«

Aschenputtel lachte. »So eine habe ich auch. Aber zum Glück muss ich sie nicht mehr sehen, seitdem ich mit dem Prinzen auf seinem Schloss lebe.«

Gretel packte die Äpfel in den Korb zu Rotkäppchens Kuchen und rief: »Jetzt kann es losgehen! Wir müssen den kleinen Kieselsteinen folgen, die Hänsel und mein Vater auf dem Boden verteilt haben.«

»Eine Schatzsuche, wie aufregend!«, juchzte Dornröschen.

»Wo wir am Ende wohl landen werden?«, überlegte Schneewittchen.

Kennst du auch ein Geburtstagslied? Dann sing es mal!

Zähle die Kieselsteine. Wie viele sind es?

Die Mädchen machten sich auf den Weg und hielten ihre Blicke auf den Boden gerichtet, um keines der Steinchen zu verpassen. »Hier ist das erste!«, rief Gretel aufgeregt.

Rotkäppchen lief vor und hielt das nächste in die Höhe. So ging es immer weiter. Zu Beginn lagen die Kiesel noch nah beieinander, doch die Abstände wurden immer größer.

»Langsam wird es mir aber unheimlich hier«, sagte Aschenputtel, als sie immer tiefer in den Wald kamen. Die Bäume wurden dichter, und um sie herum wurde es dunkler. Plötzlich knackte es im Gebüsch. Gretel zuckte zusammen. Rotkäppchen sprang hinter einen Baum und schrie: »Hoffentlich ist das nicht der böse Wolf!«

»A…a…aber der lebt doch gar nicht mehr, oder?«, fragte Dornröschen mit zitternder Stimme.

Die Mädchen starrten wie gebannt auf das Gebüsch. »Wer auch immer du bist, bitte tu uns nichts!«, rief Aschenputtel ängstlich. Als die Zweige zu wackeln begannen, kreischten alle laut auf.

»D…d…da!«, sagte Rotkäppchen. »S…s…seht ihr die Ohren? Das ist ein Wolf! Ihr müsst euch verstecken, sonst frisst er euch vielleicht auf!«

»Keine Sorge!«, sagte da eine Stimme. »Ich habe schon gegessen. Außerdem mag ich sowieso am liebsten Kuchen.«

Gretel klammerte sich an Schneewittchen, als etwas aus dem Gebüsch gesprungen kam. Es war tatsächlich ein Wolf. Aller-

Warst du auch schon mal im Wald?

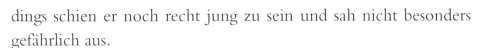

dings schien er noch recht jung zu sein und sah nicht besonders gefährlich aus.

»Es tut mir leid, wenn ich euch erschreckt habe«, sagte er und reichte Gretel eine Pfote. »Ich heiße Rufus. Herzlichen Glückwunsch zum Geburtstag.«

»Woher weißt du, dass ich Geburtstag habe?«

Rufus lachte. »Euer Gerede war durch den ganzen Wald zu hören. Darf ich euch ein Stück begleiten?«

Gretel sah ihre Freundinnen fragend an, und sie nickten.

Als sie weiterliefen, fand Rufus den nächsten Kieselstein und hielt ihn in die Höhe.

Gretel hatte inzwischen eine Vermutung, wohin die Steinchen sie führen würden. Und als Dornröschen einen weiteren Kiesel entdeckte, war alles klar.

Die Mädchen traten auf die Lichtung und standen vor dem Hexenhaus.

»Das gibt es ja gar nicht!«, rief Schneewittchen. »Genau wie du es immer erzählt hast – ein Haus aus Pfefferkuchen, mit lauter Naschereien verziert!«

Nachdem sie der Hexe entkommen waren, hatten Hänsel und Gretel sich immer mal wieder auf den Weg zum Haus gemacht, um ein wenig davon zu kosten. Am Anfang hatte Gretel noch ein mulmiges Gefühl gehabt, aber das war inzwischen längst verflogen.

Rufus, Dornröschen und Aschenputtel waren schon zum Haus gelaufen und brachen sich Zuckerstangen ab. »Mhhh«, machte Dornröschen und fuhr sich mit der Zunge über die Lippen. Doch Gretel hatte nur noch Augen für den prachtvoll gedeckten Tisch vor dem Haus. Darauf standen eine Torte mit brennenden Kerzen, kleine Schälchen mit Erdbeeren und Weintrauben sowie Krüge mit Wasser und Säften. Sie stellte noch Rotkäppchens Kuchen dazu und verteilte die Äpfel.

Und während sie dastand und staunte, ertönte plötzlich Musik, und hinter dem Haus kamen die Bremer Stadtmusikanten sowie Hänsel und ihr Vater hervor. Sie sangen »Zum Geburtstag viel Glück«, und Dornröschen, Rotkäppchen, Aschenputtel, Schneewittchen und Rufus stimmten mit ein. Gretel spürte, dass sie vor Verlegenheit ganz rot wurde. Als das Ständchen beendet war, blies Gretel die Kerzen aus und

Wie viele Kerzen sind es?

Hilf Gretel beim Auspusten!

wünschte sich etwas. Dann setzten sich alle an den gedeckten Tisch, aßen und tranken.

»Und jetzt spielen wir unser erstes Spiel«, verkündete Gretels Vater. »Naschereien erraten! Hänsel wird ein paar süße Dinge vom Hexenhaus abbrechen und –«

»Darf ich Hänsel dabei helfen?«, rief Rufus dazwischen.

»Meinetwegen«, sagte der Vater und fuhr mit seiner Erklärung fort. »Dann verbinde ich einer von euch die Augen, und ihr müsst erkennen, um was es sich handelt. Wer will anfangen?«

Sofort schossen fünf Zeigefinger in die Höhe, und fünf Stimmen riefen: »Ich!«

Gretels Vater lachte. »Ich schlage vor, wir gehen nach dem Alphabet. Wer fängt dann an?«

Die Mädchen überlegten kurz.

»A wie Aschenputtel«, sagte Gretel schließlich, und ihr Vater nickte. Dann verband er der schönen Prinzessin die Augen und legte ihr etwas Zuckerwatte hin. Schon als sie diese in die Hand nahm, um sie sich in den Mund zu stecken, rief sie: »Das ist Zuckerwatte!«

Die anderen Mädchen klatschten begeistert.

Als Nächstes war Dornröschen dran, die ein bisschen länger brauchte, um das Zitronenbonbon zu erkennen.

Nachdem alle ihre Naschereien erraten hatten, versteckten sich die Mädchen, und Rufus und Hänsel suchten sie.

Als die Dämmerung einsetzte, packten sie alle Sachen zusammen und machten sich wieder auf den Heimweg. Die Bremer Stadtmusikanten spielten noch ein Lied und verabschiedeten sich dann.

»Und, hat dir dein Geburtstag gefallen?«, fragte Hänsel.

Kennst du die ersten drei Buchstaben des Alphabets?

Welche Tiere siehst du auf dieser Seite?

Gretel legte den Arm um ihren Bruder und sagte: »Es war wunderschön.«
Rotkäppchen kicherte. »Einfach märchenhaft, oder?«
So gingen sie glücklich zu Hänsels und Gretels Haus zurück, wo schon Kutschen darauf warteten, die Mädchen nach Hause zu bringen. Der kleine Wolf verabschiedete sich und verschwand wieder im Wald.
Und wenn sie nicht gestorben sind, dann leben sie noch heute.

DAS ASCHENPUTTEL-SPIEL

Eine von Gretels Freundinnen ist Aschenputtel. Ihr wurde das Leben lange Zeit von ihrer Stiefmutter und ihren Stiefschwestern schwer gemacht. Als der Prinz ein Fest veranstaltete, musste Aschenputtel erst die Linsen aus der Asche sammeln, ehe sie das Fest besuchen durfte. Zum Glück halfen ihr die Täubchen dabei.

Du brauchst:
2–4 Spieler
Pro Spieler:
2 kleine leere Getränkeflaschen
1 Schälchen mit getrockneten Erbsen und getrockneten Linsen, vermischt

So wird's gemacht
Jeder Mitspieler hat ein Schälchen mit Erbsen und Linsen sowie zwei Flaschen vor sich stehen. Sobald das Startsignal ertönt, werden die Erbsen in die eine und die Linsen in die andere Flasche sortiert. Wer zuerst alle Erbsen und Linsen aus dem Schälchen in die richtige Flasche sortiert hat, hat gewonnen und darf zum Fest des Prinzen gehen.

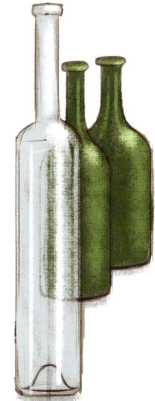

Die geheimnisvolle Flaschenpost

Hast du auch schon mal eine Sandburg gebaut?

Kennst du noch andere Tiere, die im Meer leben?

Geh auch einmal in die Hocke.

»Baust du eine Sandburg mit mir?«, fragte Fatma ihren Vater, der auf einem Handtuch in der Sonne lag und Zeitung las.
»Jetzt nicht, mein Schatz«, antwortete er. »Später vielleicht.«
»Aber mir ist langweilig!«, beschwerte sich Fatma und tippte ihre Mutter an. Die lag ebenfalls auf einem Handtuch und hörte Musik.
»Was ist denn los?«, fragte sie und nahm den Kopfhörer ab.
»Baust du eine Sandburg mit mir? Bitte! Oder wollen wir ein bisschen Ball spielen?«
»Ich würde gerne noch ein Viertelstündchen hier liegen und meine Ruhe haben, okay?«, antwortete die Mutter. »Geh doch solange ein paar Muscheln sammeln.«
»Na gut.« Fatma trottete Richtung Wasser. So hatte sie sich ihren Urlaub nicht vorgestellt. Es war echt doof, dass sie keine Geschwister hatte und bisher noch keinem anderen Kind hier begegnet war.
»Aber lauf nicht zu weit weg!«, hörte Fatma ihren Vater noch rufen.
Als Fatma das Wasser erreicht hatte, hockte sie sich hin, um ein paar Muscheln aufzusammeln. Es gab große und kleine und welche, die wunderschön in der Sonne schimmerten. Plötzlich entdeckte sie eine angeschwemmte Flasche. Nanu, wo kommt die denn her?‚

überlegte Fatma. Vielleicht hat sie jemand von einem Schiff aus ins Wasser geworfen?

Sie ging etwas näher heran und sah, dass die Flasche verschlossen war. Und es befand sich ein Zettel darin! Fatmas Herz klopfte vor Aufregung. War das etwa eine Flaschenpost? Sie drehte den Verschluss ab und fischte mithilfe eines kleinen Stöckchens den Zettel heraus.

Vorsichtig entrollte sie das Papier. Darauf war eine Zeichnung zu sehen – ein großer und zwei kleine Felsen, die von Wasser umspült wurden. Im Wasser war der Kopf eines blonden Mädchens zu erkennen, das fröhlich winkte.

Was hatte das zu bedeuten? Als Fatma sich umblickte, entdeckte sie in einigen Metern Entfernung drei Felsen, die genauso aussahen wie die auf dem Bild. Konnte das wirklich sein?

Fatma sah zu ihren Eltern, die immer noch Zeitung lasen und Musik hörten. Die interessieren sich sowieso nicht dafür, was ich mache, dachte sie, faltete den Zettel und lief auf die Felsen zu. Als sie sich umdrehte, konnte sie den Sonnenschirm ihrer Eltern noch gut erkennen. So weit weggelaufen war sie also gar nicht.

Fatma ging näher an die Felsen heran und befühlte die glatte Oberfläche. »Hallo?«, rief sie. »Ist hier jemand?«

Bist du schon mal auf einen Felsen geklettert?

»Ja, hier oben«, antwortete eine glockenhelle Stimme. Verblüfft sah sich Fatma um.

»Du musst auf den kleinen Felsen steigen, dann siehst du mich«, sagte die Stimme.

Fatma kletterte hinauf und glaubte, ihren Augen nicht zu trauen: Auf dem größeren Felsen saß eine wunderschöne Meerjungfrau. Sie hatte lange blonde Haare, genau wie das Mädchen auf dem Bild. Ihr Schwanz schimmerte in verschiedenen Grüntönen.

»Hast du die Flaschenpost ins Wasser geworfen?«, fragte Fatma neugierig.

»Ja«, antwortete die Meerjungfrau. »Mir ist hier oft so langweilig, und da dachte ich, dass ich auf diesem Weg vielleicht jemanden zum Spielen finde. Ich heiße übrigens Leja.«

»Und ich Fatma. Was wollen wir denn spielen?«

Leja lachte. »Magst du Muscheln?«

»Ja«, antwortete Fatma. »Ich habe auch schon welche gesammelt.« Sie streckte die Hand aus und zeigte Leja ihre Fundstücke. »Schön, oder?«

Leja beäugte die Muscheln kritisch.

»Es gibt noch viel schönere. Am Meeresgrund.«

»Ich kann leider noch nicht so gut schwimmen«, sagte Fatma. »Und tauchen schon gar nicht.«

»Setz dich in den Sand und warte auf mich«, antwortete Leja, rutschte bis an den Rand des Felsens vor und sprang dann ins Wasser. Fatma kletterte hinunter und setzte sich hin. Sie wartete und wartete. Nichts geschah. Doch dann sah sie, dass sich die Meeresoberfläche bewegte und ein blonder Haarschopf aus dem Wasser schoss. Leja schwenkte ein Netz voller Muscheln über ihrem Kopf und warf es Fatma zu. Dann setzte sie sich neben sie und breitete die Muscheln im Sand aus.

»Sind die schön!«, rief Fatma und bestaunte die Schätze aus dem Meer. »Was machen wir damit?«

Leja riss zwei Fäden aus dem Netz und reichte einen davon Fatma. »Was hältst du von einer Kette? Die meisten Muscheln haben irgendwo ein kleines Loch, siehst du?«

Fatma nickte und fädelte lauter winzig kleine Schnörkelmuscheln auf. Nebenbei erzählte Leja ihr ein bisschen von sich. »Ich wohne mit meinen Eltern in einem riesigen Korallenriff. Mein Zimmer ist komplett rosa.«

»Meine Lieblingsfarbe ist auch Rosa«, erklärte Fatma.

»Schade, dass ich dich nicht besuchen kann.«

»Aber wir können uns hier am Felsen treffen«, antwortete die Meerjungfrau. »Kommst du morgen wieder?«

Kannst du schon schwimmen?

Wie viele Muscheln siehst du?

Fatma nickte und hielt Leja ihre Kette hin. »Darf ich dir die ummachen? Das ist nämlich eine Freundschaftskette!«
Leja strahlte über das ganze Gesicht. »Gerne! Dann bekommst du meine.«
»So eine besondere Freundin hat bestimmt niemand«, sagte Fatma strahlend. Sie umarmte Leja zum Abschied und lief zurück zu ihren Eltern.
»Na, wollen wir jetzt eine Sandburg bauen?«, fragte Fatmas Vater.
»Vielleicht später«, sagte Fatma und legte sich auf ihr Handtuch. Denn jetzt wollte sie sich in aller Ruhe in die Unterwasserwelt träumen, von der Leja ihr erzählt hatte.

FLASCHENPOST

Zum Schutz der Umwelt sollte man keine Flaschen ins Meer oder in andere Gewässer werfen. Aber deine Eltern oder deine Freunde freuen sich bestimmt genauso über eine Flaschenpost, die du ihnen persönlich überreichst.

Du brauchst:
1 leere Flasche, am besten mit Schraubverschluss
1 Zettel
Stifte
1 Gummiband

So wird's gemacht
Male ein Bild, eine Schatzkarte oder was dir einfällt auf den Zettel. Rolle ihn so zusammen, dass er durch die Flaschenöffnung passt, und wickle das Gummiband darum. Stecke den zusammengerollten Zettel in die Flasche, schraub sie zu und übergib sie dem Empfänger.

Der kranke Drache

»Feeeeeo, aufstehen«, brüllte Drachenmama Saphira durch die Höhle. »Heute ist doch der große Feuerspei-Wettbewerb. Da darfst du nicht zu spät kommen.«

Feo öffnete die Augen und rekelte sich in seinem Bett. Doch was war das? Er hatte ein entsetzliches Kratzen im Hals! Als er aufstand und seiner Mutter einen guten Morgen wünschen wollte, kam aus seinem Maul nur ein jämmerliches Krächzen.

»Oh nein!«, fauchte Saphira. »Hättest du nur auf mich gehört und wärst nicht stundenlang mit Lia bei Wind und Regen durch die Gegend geflogen. Jetzt hast du dich erkältet.«

Fauche auch einmal!

Feo wollte etwas erwidern, doch er konnte nicht.

»Diese kleine freche Elfe hat nur Flausen im Kopf«, schimpfte seine Mutter weiter. »Es wäre mir lieber, du würdest dich nicht so oft mit ihr treffen.«

Hast du auch eine beste Freundin oder einen besten Freund?

Lia war die beste Freundin, die Feo sich vorstellen konnte. Doch einmal, als seine Mutter richtig laut mit ihm geschimpft hatte, war Lia angeflogen gekommen, hatte ihren Zauberstab gezückt und Saphira eine lustige Quietschstimme gezaubert.

Feo hatte das großartig gefunden, aber seine Mutter nahm Lia den Scherz immer noch übel.

»Hier, mein kleiner Feuerfunke, das wird dir guttun«, sagte Saphira und reichte Feo einen Becher mit dampfender Flüssigkeit.

Feo schloss die Augen und trank. Schmeckte gar nicht mal so schlecht. Und als er sich noch einmal räusperte, bemerkte er, dass seine Stimme langsam zurückkehrte.

»Ich würde so gerne beim Feuerspei-Wettbewerb mitmachen«, krächzte er. »Dafür habe ich so lange geübt.«

»Kommt nicht infrage«, sagte Saphira. »Du musst erst mal richtig gesund werden.«

Feo wollte seiner Mutter beweisen, dass er auch mit Erkältung Feuer speien konnte, also öffnete er das Maul und fauchte. Doch heraus kam nicht mal ein winzig kleiner Funke.

»Damit wirst du wohl kaum Chancen haben«, sagte die Mutter und legte ihre Pranke tröstend auf Feos.

»Ich hatte mich so darauf gefreut«, sagte der kleine Drache traurig.

»Einen wunderschönen guten Morgen«, erklang da eine fröhliche

Stimme. Lia kam durch das Höhlenfenster geflattert und rief: »Na, bist du bereit für den großen Wettbewerb?«

»Wie oft habe ich dir schon gesagt, dass du nicht einfach durchs Fenster fliegen sollst?«, schimpfte Feos Mutter.

»Entschuldigung«, sagte Lia mit einem Lächeln. Dann blickte sie zu Feo. »Warum siehst du denn so betrübt aus?«

Der kleine Drache erklärte ihr, was los war, doch Lia ließ sich davon nicht beirren. »Wozu hast du deine Elfenfreundin? Drachenerkältungen sind mein Spezialgebiet! Ich kann dich gesund zaubern!«

Feo strahlte. »Wirklich?«

»Na klar«, rief Lia und schwenkte ihren Zauberstab. Dazu murmelte sie ein paar Worte.

Und tatsächlich, Feos Halsschmerzen waren verschwunden. »Das ist ja unglaublich«, meinte der kleine Drache, und auch seine Mutter nickte anerkennend.

»Dann zeig mal, wie toll du Feuer speien kannst!«, sagte Saphira.

Feo konzentrierte sich, öffnete das Maul und fauchte los. Doch anstatt eines Feuerstrahls kamen Seifenblasen heraus!

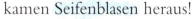

Wie viele sind es? Zähle sie!

»Was hast du mit meinem Sohn gemacht?«, brüllte Saphira.

»N…n…nichts«, stotterte Lia und schwenkte ihren Zauberstab gleich noch mal. Doch es schwebten nur noch mehr Seifenblasen aus dem Drachenmaul.

»Willst du uns auf den Arm nehmen?«, schrie Saphira und stieß einen solchen Feuerstrahl aus, dass Lia ängstlich zurückzuckte.

»Ich finde das super«, meinte Feo lachend. »So was kann bestimmt niemand sonst.«

»Aber die Drachengemeinschaft wird denken, du willst sie veräppeln«, rief Saphira. »So kannst du auf keinen Fall am Wettbewerb teilnehmen!«

»Das lass mal meine Sorgen sein«, meinte Feo, griff Lias kleine Hand und zog sie aus dem Höhleneingang nach draußen. Saphira protestierte, doch Feo und Lia erhoben sich einfach in die Lüfte und flogen zum großen Drachenversammlungsplatz.

Schon aus der Ferne sahen sie, dass jede Menge los war.

»Ich bin ganz schön aufgeregt«, meinte der kleine Drache, als sie schließlich landeten.

»Das wird schon, vertrau mir«, sagte Lia.

Feos Herz raste, als er sich mit vier weiteren Drachen in eine Reihe stellte und auf das Startsignal wartete. Es ging darum, welcher Drache die höchste und die schönste Flamme speien konnte.

»Auf die Plätze, fertig, los«, rief Ikatus, ein weiser alter Drache, der den Wettbewerb beaufsichtigte.

Aus dem Augenwinkel sah Feo, dass seine Mutter sich unter die Zuschauer gemischt hatte. Dann öffnete er sein Maul, und wäh-

Warst du auch schon mal aufgeregt?

rend die Drachen neben ihm Feuer spien, schossen beim ihm unzähligen schimmernde Seifenblasen heraus.

»Das ist ja …«, sagte Ikatus. »Das ist ja … Ich finde gar keine Worte dafür! So etwas habe ich noch nie gesehen.«

Die Flammen der anderen Drachen verloschen, weil sie alle fasziniert den Seifenblasen hinterherblickten.

»Wie machst du das?«, fragte der eine bewundernd.

»Wo kann man so etwas lernen?«, wollte ein anderer wissen.

Doch Feo lächelte nur geheimnisvoll.

»Ich denke, der Sieger steht fest!«, rief Ikatus und hängte Feo eine goldene Medaille um den Hals.

»Bravo«, rief Saphira begeistert, und auch die anderen Zuschauer riefen »Hurra« und freuten sich.

Überglücklich hielt Feo nach Lia Ausschau. Als er sie schließlich entdeckte, musste er grinsen. Saphira umarmte die kleine Elfe gerade freudestrahlend mit ihren Pranken. Von nun an würde seine Mutter nie wieder etwas gegen seine beste Freundin sagen. Da war Feo sich ganz sicher.

APFELTEE

Bei einer Erkältung hilft es oft, etwas Heißes zu trinken. Feo mag am liebsten Apfeltee. Den kannst du mithilfe eines Erwachsenen ganz leicht nachmachen.

Du brauchst:
2 Schüsseln
1 Topf oder Wasserkocher
1 Sieb
3 große Äpfel mit Schale
1 Zitrone
500 Milliliter Wasser
1 Esslöffel Honig
Zimt

So wird's gemacht
Bitte einen Erwachsenen, die Äpfel von den Kerngehäusen zu befreien und in Stücke zu schneiden. Gib die Apfelstücke in eine Schüssel. Dann kannst du die Zitrone auspressen und den entstandenen Saft über die Äpfel gießen. In der Zwischenzeit sollte das Wasser in einem Topf oder in einem Wasserkocher zum Kochen gebracht werden. Wenn das Wasser kocht, wird es – am besten von

einem Erwachsenen – über die Apfelstücke gegossen. Füge einen Esslöffel Honig sowie etwas Zimt hinzu.

Jetzt musst du eine Stunde warten. In der Zeit kannst du vielleicht eine Flaschenpost basteln (siehe Seite 33)! Anschließend stellst du das Sieb auf die noch leere Schüssel und gießt das Wasser-Apfel-Gemisch in das Sieb. Die entstandene Flüssigkeit ist Feos Lieblingstee! Schmeckt sowohl warm als auch kalt.

Die freche Prinzessin

Lotta war die frechste Prinzessin im ganzen Land: Wenn die Kammerzofe ihr die Haare kämmte, schnitt sie vor dem Spiegel Grimassen. Anstatt die Treppe zu nehmen, rutschte sie das Geländer hinunter, und beim Essen legte sie gerne die Füße auf den Tisch.
»Lotta«, sagte die Königin beim Frühstück, »heute musst du dich ausnahmsweise mal benehmen. Wir bekommen nämlich Besuch.«
»Von wem denn?«, fragte die freche Prinzessin mit vollem Mund. An ihren Händen klebte Erdbeermarmelade, die sie an der schneeweißen Tischdecke abwischte.
»Von König Vincent und seinem Sohn Frederik. Vincent möchte uns ein sehr wertvolles Gemälde abkaufen. Wir können das Geld gut gebrauchen, deshalb dürfen wir den König nicht verärgern. Sonst überlegt er es sich vielleicht noch anders.«
»Und was habe ich damit zu tun?«, fragte Lotta.

Versuche auch mal, eine Grimasse zu schneiden!

Verbeuge dich auch einmal!

»Na ja«, meinte die Mutter, »du könntest dich in der Zeit um Frederik kümmern. Das wird dem König sicher gefallen.«

Die freche Prinzessin nahm einen Schluck Milch und rülpste.

»Kann ich mich auf dich verlassen?«, fragte die Königin streng.

»Klaro«, sagte Lotta und überlegte schon, was sie mit dem Königssohn anstellen sollte.

Als König Vincent und Frederik einige Zeit später mit der Kutsche vorfuhren, regnete es in Strömen. Die Hofdiener rannten mit Schirmen raus, um die beiden in das Schloss zu geleiten.

»Herzlich willkommen«, rief Lottas Vater überschwänglich und verbeugte sich. »Das ist meine Tochter, Prinzessin Lotta.«

Lotta machte artig einen Knicks.

»Schön, dich kennenzulernen«, sagte König Vincent. »Du wirst dich sicher gut mit Frederik verstehen.«

Damit verschwanden die beiden Könige im Salon.

»Wollen wir etwas spielen?«, fragte Lotta den Prinzen.

»Ja, vielleicht Schach!«, schlug Frederik vor.

Schach? So etwas spielten doch nur Erwachsene! Lotta blickte aus dem Fenster. »Ich dachte eher daran, in Pfützen zu springen«, rief sie begeistert.

»Bist du verrückt?«, fragte Frederik. »Da wird doch unsere Kleidung schmutzig!«

Was spielst du am liebsten?

»Das macht aber Spaß!«, meinte Lotta und nahm Frederiks Hand. »Komm mit.«

Sie zerrte ihn nach draußen in den strömenden Regen. »Das ist mir viel zu nass!«, jammerte Frederik.

»Jetzt stell dich nicht so an!«, rief Lotta und hüpfte in eine riesige Pfütze. Frederik war von oben bis unten mit Matsch besprenkelt. Er blickte fassungslos an sich hinunter und schien zu überlegen, was er jetzt tun sollte. Dann nahm er Anlauf und sprang ebenfalls in eine Pfütze.

»Und?«, fragte Lotta gespannt.

»Macht einen Riesenspaß!«, rief Frederik und nahm gleich wieder Anlauf.

Sie sprangen und sprangen und waren irgendwann total durchnässt. Da traten die Könige vor die Tür. »Was soll denn das?«, rief Vincent und sah Lottas Vater wütend an. »Deine Tochter hat ja überhaupt kein Benehmen! Stiftet meinen Sohn zu Unfug an. Unter diesen Umständen werde ich das Gemälde doch nicht kaufen!«

Lotta blieb wie erstarrt stehen.

Hüpfst du auch gerne in Pfützen?

»Aber ich fand es toll«, sagte Frederik. »So glücklich wie heute war ich schon lange nicht mehr.«

Alle Augen waren auf König Vincent gerichtet. »Na gut«, sagte er schließlich und reichte Lottas Vater die Hand. »Dann bleibt es bei unserer Vereinbarung.«

Lotta fiel ein Stein vom Herzen. Das war ja noch mal gut gegangen. »Und wenn es das nächste Mal regnet, komme ich dich wieder besuchen«, sagte Frederik.

PRINZESSINNENBILD

Prinzessin Lotta trägt jeden Tag wunderschöne Kleider – aber es ist ihr egal, wenn sie schmutzig werden. Hilf ihr, neue Kleider zu basteln.

Du brauchst:
1 Blatt Papier, A4
1 Stück Tonpapier, ca. 10 × 10 cm
etwas Wolle
Kleber
Stifte

So wird's gemacht

Nimm das Tonpapier und knicke einen etwa einen Zentimeter breiten Streifen nach oben. Wende das Papier und knicke den nächsten Streifen nach oben. Dann wieder wenden und einen Streifen knicken. Das machst du so lange, bis das Papier wie eine Ziehharmonika aussieht. Drücke die Ziehharmonika im oberen Drittel zusammen und bitte einen Erwachsenen, an dieser Stelle mit der Wolle eine Schleife zu binden. Jetzt kannst du die Ziehharmonika an den Seiten etwas auseinanderziehen und auf das Papier kleben. Male Arme, Beine und einen Kopf dazu, und schon hast du eine Prinzessin in einem wunderschönen Kleid!

Picknick mit Frosch

Lene und ihre Mutter saßen am Seerosenteich im Park und machten ein gemütliches Picknick. Die Sonne strahlte vom Himmel, und die Vögel zwitscherten aufgeregt in den Bäumen. »Liest du mir etwas vor?«, fragte Lene, nachdem sie die letzten Weintrauben aufgefuttert hatte.

»Na klar«, sagte die Mutter und holte das Märchenbuch heraus. »Welche Geschichte hättest du denn gern?«

Lene musste nicht lange überlegen. »Froschkönig«, rief sie begeistert. Die Mutter blätterte im Buch herum, bis sie die richtige Stelle gefunden hatte. Lene kannte das Märchen schon auswendig, trotzdem lauschte sie gebannt. Ihre Mutter las und las und las, bis sie an die Stelle kam, an der der Frosch von der Prinzessin geküsst werden will.

Kennst du noch andere Märchen?

Da machte es plötzlich laut *Platsch!*.

»Was war das denn?«, fragte Lene und sah sich suchend um. Dann entdeckte sie einen Frosch auf ihrer Picknickdecke.

»Na, das ist ja ein Zufall!«, rief Lenes Mutter. »Wo kommt der denn her?«

»Aus dem Teich wahrscheinlich!«, meinte Lene.

Lenes Mutter dachte einen Moment nach. »Vielleicht ist er auch aus dem Buch gesprungen«, sagte sie geheimnisvoll.

»Meinst du wirklich?«, fragte Lene. »Geht das?« Sie war plötzlich ganz aufgeregt. Der Frosch quakte.

»Es gibt nur eine Möglichkeit, das herauszufinden«, sagte Lenes Mutter. »Wir müssen den Frosch küssen! Wenn er sich in einen Prinzen verwandelt, ist er wohl tatsächlich aus dem Buch gehüpft!«

Einen Frosch küssen? So etwas gab es doch nur im Märchen! Lene fand die Vorstellung zwar ein bisschen eklig, doch sie setzte den Frosch trotzdem vorsichtig auf ihre Hand. Dann schloss sie die Augen, schürzte die Lippen und gab ihm ganz schnell einen Kuss.

Als sie die Augen wieder öffnete, war es immer noch ein Frosch. »Vielleicht musst du es versuchen«, sagte Lene zu ihrer Mutter.

»Quak, quak«, machte der Frosch, als wollte er Lene recht geben. Sie reichte das glitschige Tier an ihre Mutter weiter, die ebenfalls die Augen schloss und ihm einen Kuss gab.

Lene kicherte, weil ihre Mutter so lustig das Gesicht verzog.

Hüpfe wie ein Frosch durchs Zimmer!

Mach auch einen Kussmund!

Der Frosch verwandelte sich auch dieses Mal nicht. »Schade«, sagte Lenes Mutter und setzte ihn ins Gras.

»Quak«, machte der Frosch. Dann hüpfte er über die Wiese davon und verschwand schließlich irgendwo im Gebüsch.

Lene winkte ihm noch hinterher, als plötzlich jemand rief: »Da sind ja meine zwei hübschen Prinzessinnen!«

Lene und ihre Mutter fingen schallend an zu lachen. Hinter dem Busch kam nämlich Lenes Vater hervor! »Da haben wir unseren Prinzen«, gluckste Lenes Mutter.
»Was ist denn so lustig?«, wollte er wissen.
»Wir haben gerade einen Frosch geküsst«, erklärte Lene.
»Und nun steht der beste Prinz vor uns, den man sich wünschen kann«, sagte Lenes Mutter. Und dann gab sie Lenes Papa einen dicken Kuss.

PICKNICK MACHEN

Mach doch auch mal ein Picknick! Du brauchst dafür lediglich eine Decke und ein paar Leckereien, die du gerne magst. Bei schlechtem Wetter kannst du auch einfach eine Decke im Wohnzimmer ausbreiten und es dir mit ein paar Kissen und einem Buch noch gemütlicher machen.

Zaubern verboten

Paul blickte aus dem Fenster der alten Burg, wo er zusammen mit anderen Zauberlehrlingen den Zauberkindergarten von Meister Antonius besuchte.

»Heute Nacht war Vollmond«, sagte er zu seiner Freundin Victoria, die gerade ihre Jacke an den Haken hängte. »Da hat sich Meister Antonius bestimmt wieder etwas Besonderes für uns ausgedacht.«

Immer, wenn Vollmond gewesen war, unterbreitete der mächtige alte Zauberer den Kindern am nächsten Tag eine Aufgabe. Mal sollten sie in einer fremden Sprache zaubern, mal mussten sie Gegenstände lebendig zaubern, und mal durften sie nicht sprechen und nur mithilfe ihrer Hände und Füße zaubern.

»Setzt euch bitte in den Stuhlkreis«, rief Meister Antonius und schwang seinen Zauberstab. Sofort bildeten die Stühle von selbst einen Kreis, und die Kinder konnten Platz nehmen. Pauls Herz klopfte vor Aufregung. Doch bevor der alte Zauberer ihnen ihre Aufgabe erklärte, sollten die Kinder ihm erzählen, welche Dinge sie am Wochenende gezaubert hatten.

Was hängt noch alles an den Haken?

Was machst du am liebsten, wenn Wochenende ist?

50

»Ich habe alle Strümpfe meiner Schwester verschwinden lassen«, berichtete Herold stolz. »Sie war fuchsteufelswild.«

Meister Antonius nickte. »Verschwinde-Zauber gehören eher zur einfachen Sorte, wie du weißt. Versuch beim nächsten Mal, die Socken durch das Zimmer fliegen zu lassen. Dieser Zauber ist etwas schwieriger, bereitet aber doppelt so viel Freude.«

Als Nächstes war Victoria an der Reihe. »Ich habe mich an einen anderen Ort gezaubert«, sagte sie. »Leider hat es mit dem Zurückzaubern nicht geklappt, und ich musste den ganzen Weg nach Hause zu Fuß laufen.«

Meister Antonius lachte. »Der Von-Ort-zu-Ort-Zauber ist einer der schwierigsten überhaupt. Wir werden ihn in der nächsten Zeit noch etwas üben, dann klappt es beim nächsten Mal auch mit dem Zurückzaubern. Und was hast du gezaubert, Paul?«

Paul räusperte sich. »Ich habe mich an einem Wetter-Zauber versucht«, meinte er. »Ich wollte es über unserem Haus regnen lassen, aber am Ende wurde ein heftiger Sturm daraus. Das fanden meine Eltern natürlich weniger lustig.«

An welchen Ort würdest du dich zaubern, wenn du könntest?

Hast du auch schon mal einen Sturm erlebt?

Meister Antonius lächelte. »Wetter-Zauber sind ganz hohe Kunst, mein Junge. Das lernt man eigentlich erst in der Schule, und dann bedarf es jahrelanger Übung. Versuch es beim nächsten Mal lieber mit etwas Einfacherem, einverstanden?«

Paul nickte.

»Dann werde ich euch nun die Aufgabe für den heutigen Tag mitteilen«, verkündete Meister Antonius, nachdem auch die anderen Kinder von ihren Wochenend-Zaubern berichtet hatten.

Paul war gespannt wie ein Flitzebogen. Hoffentlich war es etwas Lustiges, was der alte Zauberer sich für sie ausgedacht hatte.

»Ich habe mir überlegt, dass ihr heute den ganzen Tag ohne Zauberei auskommen müsst«, sagte Meister Antonius. »Viele Dinge sind so selbstverständlich für euch geworden, dass ihr gar nicht mehr wisst, wie sie ohne Zauberei funktionieren würden.« Er nahm seinen Zauberhut ab und drehte ihn um. »Bitte steckt eure Zauberstäbe hier hinein. Wenn ihr nachher von euren Eltern abgeholt werdet, bekommt ihr sie wieder.«

Ups, wer schaut denn da aus dem Zauberhut heraus?

Victoria stöhnte: »Das schaffe ich nie!«, und auch die anderen wirkten nicht gerade begeistert.

»Ihr werdet es schon sehen«, meinte Meister Antonius und warf seinen eigenen Zauberstab ebenfalls in den Hut.

»Und jetzt stellt bitte die Stühle wieder an die Tische.«

Normalerweise zauberte Meister Antonius die Stühle nach dem Stuhlkreis einfach wieder zurück. Jetzt musste jedes Kind seinen Stuhl tragen. »Ist der schwer«, jammerte Herold.
»Ich habe eine Idee«, meinte Paul. »Wir können doch eine Kette bilden und Stuhl für Stuhl weiterreichen! Dann muss nicht einer den ganzen Weg allein tragen.«
»Ja, super«, rief Mathilda und reichte den ersten Stuhl an Victoria, die ihn an Paul weitergab. In Windeseile waren alle Stühle wieder dort, wo sie hingehörten. Paul fand, dass das Stühleaufräumen viel lustiger gewesen war als sonst.
»Und was machen wir jetzt?«, fragte Herold. »Normalerweise würden wir uns doch jetzt unser Frühstück herzaubern.«
»Überlegt euch etwas«, antwortete Meister Antonius.
Die Situation war so ungewohnt, dass erst mal alle eine Weile nachdenken mussten.

»Wir könnten in den Burggarten gehen und uns unser Frühstück selbst zusammensuchen«, schlug Victoria vor. »Da wachsen doch Äpfel, Birnen und Beeren.«
»Ja!«, jubelte Herold. »Und daraus machen wir Obstsalat.«
Die Zauberlehrlinge stürmten die Treppen hinunter in den Garten, schnappten sich Eimer und fingen an zu sammeln.
Paul lief zu dem kleinen Hühnerstall, der ebenfalls zur Burg gehörte, und angelte ein paar Eier aus dem Stroh. »Wie wäre es mit Rührei?«, rief er den anderen freudestrahlend zu.
»Weißt du, wie das geht?«, fragte Mathilda.
»Nö, aber so schwer wird es schon nicht sein, oder?«

53

Nachdem sie alles Mögliche im Garten eingesammelt hatten, liefen die Kinder wieder in ihren Gruppenraum. Aus der kleinen Küche holten sie Brettchen und Messer.

»Ich habe noch nie einen Apfel klein geschnitten«, gab Herold zu. »Da war immer Zauberei im Spiel.«

»Dann pass auf deine Finger auf«, witzelte Victoria.

Paul hatte vor einiger Zeit bei seiner Oma gesehen, wie man Eier aufschlug. Also holte er sich eine Schüssel und probierte es ebenfalls. Beim ersten Ei ging alles daneben.

»Versuch es noch einmal«, sagte Meister Antonius. »Ich verschwinde derweil in die Küche und werfe die Pfanne an.«

Mit dem zweiten Ei klappte es schon besser, und schließlich waren alle Eier in der Schüssel.

Paul überlegte, dass man bei einem *Rühr*ei wahrscheinlich einfach nur rühren musste, und das tat er.

»Und jetzt in die Pfanne!«, rief Meister Antonius.

Schon bald erfüllte ein herrlicher Duft den Gruppenraum. Die Kinder deckten den Tisch und stellten das fertige Rührei und den Obstsalat darauf. Dann setzten sie sich hin.

»So ein leckeres Frühstück hatte ich schon lange nicht mehr«, sagte Herold mit vollem Mund. »Das ist einfach köstlich.«

Tu so, als hättest du einen Löffel in der Hand, und hilf Paul beim Umrühren!

»Aber wie werden die schmutzigen Teller hinterher wieder sauber?«, fragte Victoria beinahe panisch.

Meister Antonius lachte. »Habt ihr noch nie etwas von Abwaschen gehört?«

Hast du schon einmal beim Abwaschen geholfen?

Victoria überlegte. »Wir zaubern das Geschirr nach dem Essen immer sauber in den Schrank zurück«, erklärte sie schließlich.

Meister Antonius wischte sich den Mund ab, stand auf und ging wieder in die Küche. Dort ließ er Wasser in eine große Wanne laufen und stellte sie mitten in den Gruppenraum.

Paul staunte, als er den riesigen Schaumberg sah. Damit ließen sich doch viel bessere Sachen anstellen als abwaschen!

Nachdem alle aufgegessen hatten, begutachteten sie die Wanne. Paul nutzte diese Gelegenheit und pustete einmal kräftig in den Schaum hinein, was zur Folge hatte, dass ein dicker weißer Schaumklecks in Herolds Gesicht landete.

Victoria lachte. »Das sieht ja witzig aus!«

Sie griff ebenfalls in die Wanne und formte den Schaum so, dass sie einen langen weißen Bart am Kinn hängen hatte.

»Jetzt siehst du aus wie Meister Antonius«, kreischte Mathilda begeistert und machte es Victoria gleich nach. Irgendwann standen lauter Abbilder des Zauberers im Gruppenraum.

»Wo ist bloß der Fotoapparat?«, überlegte Meister Antonius. »Das müssen wir unbedingt festhalten!« Er lachte schallend und sah sich

Wer hat den längsten Bart?

suchend um. Als er den Fotoapparat nicht finden konnte, sagte er schließlich: »Na gut, vielleicht mache ich einfach eine Ausnahme und zaubere mir den Fotoapparat her.«

Er ging zu seinem Zauberhut und wollte gerade seinen Zauberstab herausziehen, als Paul rief: »Kommt nicht infrage. Es macht doch gerade so viel Spaß ohne Zaubern.«

»Genau!«, rief Victoria. »Du musst dich auch an unsere Abmachung halten!«

»Da habt ihr recht«, entgegnete Meister Antonius. »Ich werde mir dieses Bild einfach ganz genau einprägen. Ein gutes Training für meine grauen Zellen.«

»Wofür ein Tag ohne Zaubern alles gut sein kann«, meinte Mathilda und ließ die schmutzigen Teller in die Wanne flutschen.

»Das müssen wir unbedingt öfter machen«, sagte Paul und freute sich schon auf den nächsten Vollmond. Denn er war sicher, dass sich Meister Antonius wieder etwas Tolles ausdenken würde.

ZAUBERSTAB BASTELN

Meister Antonius und die Kinder besitzen Zauberstäbe. Du kannst dir ganz einfach einen eigenen basteln.

Du brauchst:
1 großen durchsichtigen Strohhalm
Glitzer oder Konfetti
1 Tacker
evtl. buntes Klebeband

So wird's gemacht
Bitte einen Erwachsenen, das eine Ende des Strohhalms zuzutackern. Fülle Glitzer und/oder Konfetti in den Strohhalm. Nun wird auch das andere Ende zugetackert. Fertig ist der Zauberstab! Wenn du magst, kannst du die Tackerklammern noch mit buntem Klebeband überkleben.

Das Märchenfest

Welche Märchen findest du hier wieder?

Heute war der große Tag, auf den sich alle Kinder seit Wochen gefreut hatten: das Märchenfest im Kindergarten! Jede Gruppe hatte ein kleines Theaterstück einstudiert, das gleich vorgeführt wurde. Linus war ganz aufgeregt, als er mit seinen Eltern die Turnhalle des Kindergartens betrat und die Bühne erblickte, die dort aufgebaut war.

»Zum Glück fängt die blaue Gruppe an«, meinte Linus, der in die rote Gruppe ging. »Dann können wir erst mal in aller Ruhe zuschauen.«

»Ein bisschen Lampenfieber ist völlig normal«, meinte Linus' Mutter. »Aber ihr macht das bestimmt ganz toll. Ich bin schon total gespannt, mein kleiner Zwerg.« Sie wuschelte Linus durch die Haare.

»He, ich bin kein Zwerg!«, meinte er. »Ich spiele doch nur einen.«

Linus war froh, dass er bei *Schneewittchen* ein Zwerg sein durfte, denn da musste er nur einen einzigen Satz sagen. Den hatte er jeden Abend vor dem Schlafengehen geübt: Immer, wenn er in sein Zimmer gekommen war, hatte er gerufen: »Wer hat in meinem Bettchen geschlafen?«

Sein Freund Amir dagegen war der Prinz, und der hatte richtig viel zu tun auf der Bühne.

Als Linus sich zu den anderen Kindern aus seiner Gruppe auf eine Bank setzen wollte, kam seine Erzieherin Anka. »Guten Morgen, Linus! Geht es dir gut?«, fragte sie.

Linus nickte.

Nicke auch einmal!

»Leider ist Amir krank. Könntest du dir vorstellen, seine Rolle zu übernehmen?«

Linus riss die Augen auf. »Ich?«, fragte er. »Warum ausgerechnet ich?«

Anka lachte. »Weil ich weiß, dass du bei den Proben sehr aufmerksam warst. Du hast Amir sogar ein paarmal geholfen, als er seinen Text vergessen hatte.«

»Stimmt«, sagte Linus.

»Siehst du«, meinte Anka. »Wir haben das Stück so oft geübt, dass du den Text automatisch hier oben abgespeichert hast.« Sie tippte gegen Linus' Kopf. »Also, wie sieht es aus? Würdest du den Prinzen spielen?«

Tippe dir auch gegen den Kopf!

»Und wer übernimmt dann meine Rolle?«

»Finn«, sagte Anka.

Linus überlegte. Der Prinz war sehr wichtig in dem Stück. Was, wenn er einen Fehler machte?

Als hätte sie seine Gedanken gelesen, sagte Anka: »Keine Sorge, ich sitze direkt neben der Bühne. Wenn irgendjemand nicht weiterweiß, helfe ich natürlich.«

»Okay«, sagte Linus schließlich. Er hatte zwar ein mulmiges Gefühl im Bauch, aber er wollte

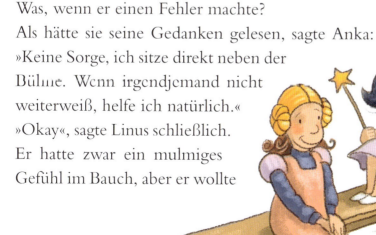

Verkleidest du dich auch gerne?

seine Gruppe auch nicht im Stich lassen. Schließlich hatten sich alle so auf das Fest und ihr Stück gefreut.

Anka half ihm dabei, sein Kostüm anzuziehen, und ging den Text mit ihm durch. »Ich glaube, du machst das ganz prima«, sagte sie schließlich.

Dann begann schon die *Dornröschen*-Aufführung der blauen Gruppe. Doch vor lauter Aufregung konnte Linus sich gar nicht darauf konzentrieren.

Als am Ende des Stücks tosender Applaus ertönte und sich die Kinder verbeugten, gab Anka Linus, Finn und den anderen das Zeichen, ihre Plätze einzunehmen.

»Aber wehe, du gibst mir einen echten Kuss!«, sagte Emilia, die das Schneewittchen spielte. »Wir sollen nämlich nur so tun.«

»Weiß ich«, sagte Linus und hockte sich zu Anka neben die Bühne. Da er erst später auftreten musste, sollte er neben ihr warten.

Dann ging es los. »Spieglein, Spieglein, an der Wand, wer ist die Schönste im ganzen Land?«, fragte Lea.

Karl, der den Spiegel festhielt, antwortete mit tiefer Stimme: »Frau Königin, Ihr seid die Schönste hier, doch …« Karl stockte. Vor lauter Aufregung schien er seinen Text vergessen zu haben. Aber Linus wusste ihn.

Kannst du auch mit ganz tiefer Stimme sprechen? Probier es aus!

»Schneewittchen ist tausendmal schöner als Ihr«, flüsterte Linus in Karls Richtung. Der nickte und wiederholte den Satz.

»Toll gemacht«, flüsterte Anka. »Du kannst ja das ganze Stück auswendig!«

Als Linus schließlich die Bühne betrat, war sein mulmiges Gefühl wie weggeblasen. Er kniete sich neben Emilia, die regungslos auf

dem Boden lag, und strich ihr über den Kopf. Dann sagte er seinen Text ohne einen einzigen Fehler auf. Als er sich zu Schneewittchen hinunterbeugte, um so zu tun, als würde er es küssen, rutschte ihm die Krone hinunter und landete genau auf Emilias Gesicht.
»Aua!«, rief die und setzte sich empört auf. Die Zuschauer lachten. Jetzt passte Linus' Text nicht mehr, denn eigentlich sollte Schneewittchen ja noch liegen bleiben. Also dachte er sich schnell etwas Neues aus. »Oh, du bist schon wach!«, rief er. »Dann kann ich dich ja gleich mit auf mein Schloss nehmen.«
»Ja!«, rief Schneewittchen und rieb sich die Nase.
Linus reichte Emilia eine Hand und half ihr hoch. Sie winkten den Zwergen, die etwas verdutzt aussahen, und gingen von der Bühne.
»Bravo!«, rief Anka und fing an zu klatschen. Und sofort stimmten alle mit ein.
Linus war überglücklich. War doch gar nicht so schwer, ein Prinz zu sein!

Klatsche auch in die Hände!

KRONE BASTELN

Würdest du auch gerne mal Prinz spielen wie Linus? Dann bastle dir doch eine tolle Krone!

Du brauchst:
1 leere Klopapierrolle
buntes Klebeband
Gummizug
Schere

So wird's gemacht
Beklebe zuerst die Klopapierrolle mit buntem Klebeband. Am einfachsten geht es, wenn du einen Streifen über den andern klebst und die Rolle so einmal umwickelst.
Schneide an einem Ende Zacken in die Rolle. Jetzt ist die Krone schon fast fertig. Bitte einen Erwachsenen, am unteren Rand jeweils rechts und links ein kleines Loch zu bohren (z. B. mit einer Nagelschere) und den Gummizug festzuknoten. Jetzt kannst du die Krone aufsetzen, ohne dass sie dir vom Kopf rutscht.

Der unheimliche Dachboden

Für Mimi gab es nichts Schöneres, als mit ihrem Bruder Jakob bei Oma und Opa zu übernachten. Denn Opa dachte sich immer die tollsten Geschichten aus.

Heute war es mal wieder so weit. Nach dem Abendbrot putzten Mimi und Jakob ihre Zähne und hüpften aufs Sofa. Opa quetschte sich zwischen sie, während Oma am Tisch saß und Kreuzworträtsel machte.

»Es war einmal eine Hexe, die lebte in einem schönen großen Haus«, begann Opa. »Und die Adresse lautete Holunderweg 3.«

Mimi wurde hellhörig. »Das ist doch euer Haus!«, rief sie.

Opa nickte. »Richtig. Vor langer, langer Zeit hat hier mal eine Hexe gewohnt.«

Mimi überlegte, ob die Geschichte wirklich stimmte oder ob Opa flunkerte.

»Und wie hieß die?«, wollte Jakob wissen.

Wie viele Kissen liegen auf dem Sofa?

Kennst du deine Adresse?

»Sie hieß Hedwig und wohnte zusammen mit ihrer Katze auf dem Dachboden. Dort hat sie Flugübungen mit ihrem Besen gemacht, Zaubertränke zusammengerührt und vor sich hin gezaubert. Einmal hat sie die Nachbarin in eine Kröte verwandelt, weil sie sich so über sie geärgert hatte!«

Opa blickte an die Decke des Wohnzimmers und deutete auf einen Riss. »Seht ihr das?«, fragte er. »Hedwig war so wütend, dass sie ordentlich aufgestampft hat. Deshalb ist der Riss in der Decke.«

Mimis Herz pochte vor Aufregung. Dann stimmte die Geschichte also doch! Opa erzählte gerade, dass Hedwig auch manchmal andere Hexen eingeladen und einen Hexenrat abgehalten hatte, als Mimi plötzlich einen dumpfen Knall hörte.

»Kam das vom Dachboden?«, fragte sie.

Opa zog fragend die Augenbrauen hoch und zuckte mit den Schultern. »Wer weiß … vielleicht ist Hedwig zurückgekehrt, weil sie etwas vergessen hat … Sollen wir nachsehen gehen?«

»Okay«, meinte Jakob.

Von oben waren jetzt trippelnde Schritte zu hören.

»Ich komme mit«, sagte Mimi mutig, obwohl sie ganz weiche Knie hatte.

Opa ließ die Dachbodenleiter herunter und ging voran. Er schaltete das Licht ein, und Mimi und Jakob folgten ihm. Sie waren noch nie auf dem Dachboden gewesen und sahen sich staunend um. In einer Ecke stand ein Korb mit alten Töpfen. »Sind das Hedwigs Zauberkessel?«, fragte Mimi.

Kannst du auch mit den Schultern zucken? Probiere es aus!

Entdeckst du den alten Teddybären?

»Natürlich!«, behauptete Opa. »Und dieser alte Teppich hier gehörte auch Hedwig.«
»Aber woher kam das Geräusch?«, wollte Jakob wissen.
»Hedwig!«, rief Opa streng. »Hast du dich hier irgendwo versteckt? Dann komm gefälligst raus!«
Hinter dem alten Schrank war ein Rascheln zu hören. Mimi klammerte sich an Opas Bein. Was, wenn Hedwig wirklich gleich hier auftauchte? Würde sie Mimi auch in eine Kröte verwandeln?
Es raschelte wieder, und dann kam etwas hinter dem Schrank hervorgeschossen. Mimi kniff die Augen zusammen.

Hast du auch schon mal eine Katze gestreichelt?

»Da bist du ja!«, rief Opa und lachte.

Als Mimi die Augen vorsichtig öffnete, stand da keine Hexe, sondern Lulu, Omas und Opas Katze.

»Was macht die denn hier?«, fragte Mimi und hockte sich hin, um Lulu zu streicheln.

»Ich musste gestern auf den Dachboden, weil ich etwas gesucht habe«, erklärte Opa. »Da hat sich die freche Katze wohl wieder einmal heimlich hier hochgeschlichen.«

»Macht sie das öfter?«, erkundigte sich Jakob.

»Ja«, sagte Opa. »Wir haben sie auch auf dem Dachboden gefunden, als wir damals in das Haus eingezogen sind.« Er deutete auf ein großes Kissen aus rotem Samt mit Goldrand. »Das ist ihr Lieblingsplatz.«

Mimi riss die Augen auf. »Kann es sein, dass Lulu Hedwigs Hexenkatze ist?«

»Das kann gut sein«, sagte Opa mit einem Augenzwinkern.

Und Mimi freute sich schon auf seine nächste Geschichte.

VERZAUBERN

Opa erzählt Mimi und Jakob, dass Hedwig ihre Nachbarin in eine Kröte verwandelt hat. Probiere doch auch einmal, jemanden zu verzaubern! Je mehr Mitspieler du hast, desto lustiger wird es.

Du brauchst
2–6 Spieler
evtl. einen Zauberstab

So wird's gemacht
Berühre ein Kind mit dem Zauberstab oder deinem ausgestreckten Zeigefinger und sage folgenden Spruch auf:

*Hokus, Pokus, Krötenschleim,
du sollst jetzt ein Affe sein.*

Das Kind spielt dann einen Affen und macht dazu das passende Tiergeräusch.
Anstelle des Affen kannst du natürlich jedes beliebige andere Tier einsetzen. Wenn du alle Kinder verwandelt hast, ist der oder die Nächste an der Reihe.

Der Wackelschreck

Schläfst du auch gerne nach dem Mittagessen?

Zwerg Hannes liebte es, sich nach dem Mittagessen in sein Bett zu legen und ein bisschen zu schlafen. Doch jedes Mal, wenn er die Augen schloss und kurz davor war, ins Land der Träume hinüberzugleiten, ertönte ein ohrenbetäubender Rums und erschütterte die Erde. Nicht nur Hannes' Bett wackelte, sondern sein ganzes Haus. Meistens wiederholte sich das Ganze vier- oder fünfmal, und in dieser Zeit fielen Hannes' Tassen aus dem Schrank und die Blumenvase vom Tisch. Als Hannes' Lieblingsteller auf den Boden schepperte, wurde es ihm zu bunt. Er beschloss, der Sache auf den Grund zu gehen. Also packte er etwas Brot, einen Apfel und eine Flasche Wasser in seine Tasche und marschierte los.

Zunächst machte er an der Drachenhöhle halt. »Bist du für diesen Wackelschreck

jeden Mittag verantwortlich?«, fragte er Lavinia, die Drachendame, die sich gerade einen Spieß mit Würstchen briet.

»Natürlich nicht!«, antworte Lavinia. »Ich glaube, dass unheimliche Kreaturen aus der Unterwelt dahinterstecken. Sie wollen uns erschrecken.«

Hannes fragte sich, was das für Kreaturen sein sollten – er kannte nur Regenwürmer und Maulwürfe, die unter der Erde lebten, und die sorgten bestimmt nicht für so eine Unruhe. »Ich werde es schon noch herausfinden«, sagte er und setzte seine Reise fort.

Er kam an den Fuß des großen Gebirges, wo der Zauberer lebte. Die Fenster des Hauses waren kaputt, und im Dach fehlten ein paar Ziegel. Hannes klopfte an die Tür, und der Zauberer trat heraus. »Du weißt doch bestimmt, was es mit diesem Wackelschreck auf sich hat, oder?«, fragte der Zwerg.

Der Zauberer kratzte sich an der Nase. »Wenn ich es wüsste, hätte ich schon längst dafür gesorgt, dass es aufhört. Ich bin mir ziemlich sicher, dass es aus den Bergen kommt.«

Niemand war je zuvor in den Bergen gewesen, denn dort lebte angeblich ein Riese, mit dem nicht zu spaßen war. »Ich werde die Herausforderung annehmen«, sagte Hannes mutig und begann mit dem Aufstieg. Es dauerte drei Tage und drei Nächte, bis der Zwerg die Spitze des Berges erreicht hatte.

Hast du schon mal einen Regenwurm gefunden?

Kratz auch mal an deiner Nase!

Bist du kitzelig?

»He, das kitzelt«, sagte plötzlich eine laute Stimme.
Hannes sah sich ängstlich um.
»Du sitzt auf meiner Nasenspitze!« Ehe der Zwerg sich's versah, wurde er an den Hosenträgern gepackt und durch die Luft geschleudert. Dann stand er auf einer riesigen Hand. »Ich bin Jano, der Riese, und wer bist du?«, fragte die Stimme freundlich.

»H…H…Hannes«, stammelte der Zwerg. Der Riese war wirklich unglaublich groß. »I…i…ich wollte dich f…f…fragen, ob du mittags immer so einen Lärm machst. Aber bitte friss mich nicht!«
Jano lachte so laut, dass es sich wie ein Donnergrollen anhörte. »Ich fresse doch keine Zwerge! Am liebsten esse ich Schokokekse! Außerdem finde ich es toll, dass mich endlich

70

mal jemand besucht! Es ist so langweilig hier oben. Deshalb übe ich jetzt jeden Tag seilspringen.«

»Seilspringen? Wenn du das tust, wackelt die ganze Erde«, erklärte Hannes.

»Ehrlich?«, meinte Jano. »Es macht aber so einen Spaß!«

Da hatte Hannes eine Idee. »Ich sage Lavinia und dem Zauberer, dass sie keine Angst mehr vor dir haben müssen. Und dann kommen wir dich abwechselnd besuchen. Lavinia kann ganz toll Feuer spucken und der Zauberer zaubern. Und ich bin ein klasse Geschichtenerzähler.«

»Dann wäre mir bestimmt nicht mehr langweilig«, sagte Jano.

»Genau«, meinte Hannes. »Und du kannst mit dem Seilspringen aufhören. Einverstanden?«

»Einverstanden«, sagte der Riese.

Und Hannes freute sich schon auf sein nächstes Mittagsschläfchen.

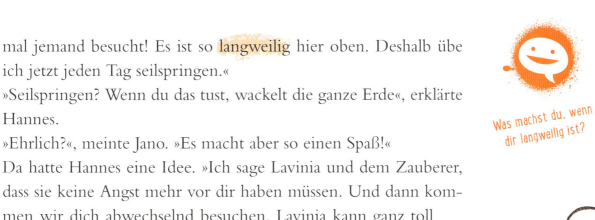

Was machst du, wenn dir langweilig ist?

 # JANOS SCHOKOKEKSE

Du brauchst
125 g Butter
200 g Zartbitterschokolade
1 Ei
150 g Zucker
175 g Mehl
1 EL Backpulver

So wird's gemacht
Fülle einen großen Topf mit etwas Wasser und stelle einen kleineren Topf hinein. In den kleineren Topf kommen die Butter und die in Stückchen gebrochene Schokolade. Nun wird der große Topf auf den Herd gestellt und so lange erwärmt, bis Butter und Schokolade geschmolzen sind.

In der Zwischenzeit kannst du mit einem Mixer das Ei und den Zucker schaumig schlagen. Dann die etwas abgekühlte Schoko-Butter-Mischung unterrühren sowie Mehl und Backpulver dazugeben.

Jetzt ist der Teig fertig. Setze mithilfe eines Esslöffels kleine Teighäufchen auf ein mit Backpapier ausgelegtes Backblech. Lasse dabei genügend Abstand.

Die Plätzchen müssen im vorgeheizten Ofen bei 180 °C
10 bis 12 Minuten backen. Gut abkühlen lassen
und schnell auffuttern, bevor Jano etwas
davon mitbekommt!

10 Tipps zum Vorlesen

1 Es sich gemütlich machen. Schaffen Sie für sich und Ihren kleinen Zuhörer eine entspannte Situation. Bauen Sie zum Beispiel eine eigene Kuschelecke mit Decken, Kuscheltieren und ganz vielen Kissen.

2 Vorlesen als Ritual. Rituale vermitteln Kindern Sicherheit, Struktur und Geborgenheit. Machen Sie das Vorlesen zu einem Wohlfühlritual – die Tageszeit ist dabei ganz egal. Wichtig ist aber, dass das Ritual ernst genommen und eingehalten wird.

3 Noch eine Geschichte! Lassen Sie ruhig mal Ihr Kind eine Geschichte aussuchen. Die kleinen Bilder im Inhaltsverzeichnis helfen ihm dabei.

4 Noch mal! Auch wenn Abwechslung wichtig ist: Kinder lieben Wiederholungen. Sie hören ihre Lieblingsgeschichte gerne ein drittes, viertes oder fünftes Mal.

5 Haben Sie Spaß beim Vorlesen. Und Mut zur Schauspielerei. Lassen Sie den grimmigen Riesen mit tiefer Stimme grollen und schimpfen. Das Mäuschen kann hoch und ängstlich sprechen und die Schlange sanft und schmeichelnd. Ein paar Patzer sind da überhaupt nicht schlimm.

6 Vorlesen heißt, sich Zeit zu nehmen. Lesen Sie den Text in Ruhe vor und machen Sie Pausen. Dann kann Ihr Kind nachfragen, wenn es etwas nicht versteht. Die roten Fragen am Rand bieten Gesprächsanlässe und regen Ihr Kind an, eigene Gedanken zu äußern.

7 Mehr als Zuhören. Beziehen Sie Ihr Kind immer wieder spielerisch in die Geschichte ein. Vielleicht kann es der Hexe bei ihrem Zauberspruch helfen oder den Ritter bei seinem Wettrennen anfeuern. Die grünen Ideen am Rand zeigen Ihnen, an welchen Stellen der Geschichte Ihr Kind mitmachen kann.

8 Kein Vorlesen ohne Bilder. Schauen Sie sich beim Vorlesen gemeinsam mit Ihrem Kind die vielen tollen Bilder an. Oft gibt es noch etwas Spannendes zu entdecken. Die blauen Fragen verraten Ihnen, wo.

9 Im Gespräch bleiben. Mit dem Zuklappen des Buchdeckels muss das Vorlesen nicht vorbei sein. Sprechen Sie mit Ihrem Kind über das Gelesene. Wie fühlen sich wohl die Figuren aus dem Buch? Hat Ihr Kind schon einmal eine ähnliche Situation erlebt?

10 Eine Geschichte kann noch mehr! Denken Sie sich zusammen mit Ihrem Kind doch mal ein ganz anderes Ende für die Geschichte aus, oder lassen Sie es ein Bild von der hübschen Prinzessin malen. Zu jeder Geschichte finden Sie dazu eine passende Aktionsidee zum Basteln, Malen, Kochen oder Spielen.

Biografien

Katja Richert studierte Erziehungswissenschaften und arbeitete mehrere Jahre als Lektorin in verschiedenen Kinder- und Jugendbuchverlagen, bevor sie sich als Autorin und Übersetzerin selbständig machte. Sie lebt mit ihrem Mann und ihren Zwillingstöchtern in Braunschweig.

Stephan Pricken, 1972 in Moers geboren, studierte zunächst mit dem Ziel Grundschullehramt an der Kunstakademie Münster, nach dem ersten Staatsexamen dann Design mit dem Schwerpunkt Illustration an der Fachhochschule in Münster. Seit 2004 arbeitet er als freier Illustrator und Mitglied der Ateliergemeinschaft Hafenstraße in Münster. Mehr über Stephan Pricken auf seiner Website www.stephanpricken.de

Vorlesen. Mitmachen. Spaß haben!

In diesen wunderbaren Vorlesebüchern über starke Prinzessinnen, freche Feen, schöne Meerjungfrauen, wilde Tiger, liebe Hunde und kuschelige Katzenkinder findet jedes Kind seine Lieblingsgeschichte. Lustige Fragen, viele Bilder und kleine Spielanregungen laden zum Erzählen, Entdecken und Mitmachen ein.

Maren von Klitzing
Zauberhafte Vorlesegeschichten –
Prinzessinnen, Feen, Meerjungfrauen
Einband und farbige Illustrationen von Daniela Kunkel
Ab 4 Jahren · 80 Seiten · ISBN 978-3-7707-2921-0

Maren von Klitzing
Tierische Vorlesegeschichten –
Tiger, Hunde, Katzenkinder
Einband und farbige Illustrationen von Ina Worms
Ab 4 Jahren · 80 Seiten · ISBN 978-3-7707-0028-8

Weitere Informationen unter **www.ellermann.de**